全国技工院校汽车维修专业（中级技能层级）

钳工与焊工基本技能（第二版）习题册

余成路◎主编

中国劳动社会保障出版社

简介

本习题册是全国技工院校汽车维修专业模块化教材（中级技能层级）《钳工与焊工基本技能（第二版）》的配套用书。习题册内容紧扣教材的教学要求，注重基础知识的巩固和基本能力的培养，知识点分布均衡，题型丰富，难易适当，有助于学生复习巩固所学知识。

本习题册由余成路任主编，华晨磊、季炼平、李俊杰、张世金、时伟伟、周璇参与编写，王继武审稿。

图书在版编目（CIP）数据

钳工与焊工基本技能（第二版）习题册 / 余成路主编. -- 北京：中国劳动社会保障出版社，2024

全国技工院校汽车维修专业. 中级技能层级

ISBN 978-7-5167-6303-2

Ⅰ. ①钳… Ⅱ. ①余… Ⅲ. ①汽车 - 钳工 - 高等职业教育 - 习题集②汽车 - 焊接工艺 - 高等职业教育 - 习题集 Ⅳ. ①U472.4-44

中国国家版本馆 CIP 数据核字（2024）第 050352 号

中国劳动社会保障出版社出版发行

（北京市惠新东街 1 号 邮政编码：100029）

*

保定市中画美凯印刷有限公司印刷装订 新华书店经销

787 毫米 ×1092 毫米 16 开本 3.75 印张 73 千字

2024 年 3 月第 1 版 2024 年 3 月第 1 次印刷

定价：8.00 元

营销中心电话：400-606-6496

出版社网址：http://www.class.com.cn

http://jg.class.com.cn

目　录

模块一　安 全 生 产

任务1　钳工基础知识与安全生产

一、填空题（将正确答案填写在横线上）

1. 钳工主要承担的工作任务包括________、________、________、________。

2. 常见的钳工主要分为________、________和________三类。

3. 钳工作业时必须穿戴好________，女生还应将长发全部包进________，不允许穿________、________、________进入工作场地。

4. ________是用来夹持工件进行加工的常用工具，按结构可分为________和________。

5. ________用来安装台虎钳，放置工、量具和工件等。

6. ________主要用来刃磨钻头、錾子、刮刀等或磨削工件。

7. 砂轮机可分为________和________两种。

8. 钻床用来加工各类圆孔，包括________钻床、________钻床和________钻床等。

9. 游标卡尺是一种常用的中等精度量具，可以测量工件的________、________、________、________和________等尺寸。

10. 游标卡尺的分度值包括________、________和________三种。

11. ________又称为螺旋测微器、分厘卡，是比游标卡尺更精密的量具。

12. 千分尺主要包括________和________两种。

13. ________是用来测量工件的内、外角度或进行角度划线的工具。

14. 塞尺又称为厚薄规，主要用来测量________的间隙。

15. 百分表主要用来测量工件的________和________误差。

16. ________是钳工常用的敲击工具。

17. “6S”管理的内容包括________、________、________、________、________和________。

18. 工具钳工主要从事________和________的加工、装配与调试等工作。

19. ________主要用来在工件划出的线条上冲眼，使加工界限清晰，避免被擦掉。

20. ________是具有一个或多个直刃或螺旋刃，用来从工件孔壁上切除微量金属层的精度较高的刀具。

21. __________可用来检验直角、垂直度和平行度误差。

22. ________是指用于孔径检验的光滑极限量规。

23. 将工作场所内的物品分为“需要的”和“不需要的”属于“6S”中的________。

24. “6S”中的________是针对员工的职业素养提升的，也是“6S”管理的最终目的。

25. 安全标志分________________、________________、________________和________________四大类型。

二、选择题（将正确答案的代号填入括号内）

1.（　　）是指从事机械设备装调、维修及相关零件加工和工装夹具制作的人员。

A. 焊工　　B. 电工
C. 钳工　　D. 车工

2. 台虎钳的规格是以其钳口（　　）来表示的。

A. 长度　　B. 宽度
C. 高度　　D. 夹持尺寸

3. 台虎钳夹紧工件时，只允许（　　）手柄。

A. 用锤子敲击　　B. 两人同时扳
C. 套上接长杆扳　　D. 用手扳

4. 平板是用于工件检测、划线的（　　）。

A. 基本量具　　B. 一般量具
C. 基准器具　　D. 专用量具

5. 在台虎钳上强力作业时，应尽量使作用力朝向（　　）方向。

A. 活动钳体　　B. 固定钳体
C. 钳口　　D. 钳体

6. 钳工是使用钳工工具并经常在（　　）上进行手工操作的工种。

A. 台虎钳　　B. 钻床
C. 划线平台　　D. 砂轮机

7.（　　）主要从事设备机械部分的维护和修理等工作。

A. 机修钳工　　B. 工具钳工
C. 装配钳工　　D. 普通钳工

8．外径千分尺的分度值包括（　　）mm。

A．0.1　　B．0.05

C．0.01　　D．0.5

9．“6S”中的整理是根据物品（　　）来决定取舍的。

A．是否占空间　　B．使用价值

C．购买价值　　D．能否卖好价

10．关于“6S”中的整顿的定义，正确的是（　　）。

A．将工作场所中的物品分类，把不需要的物品清理掉

B．把需要的物品按规定分类摆放，并做好适当的标识

C．将生产、工作、生活场所打扫干净

D．对员工进行素质教育，要求员工有纪律观念

11．禁止启动标志是（　　）。

A．

B．

C．

D．

12．必须戴防护帽标志是（　　）。

A．

B．

C．

D．

13．当心爆炸标志是（　　）。

A．

B．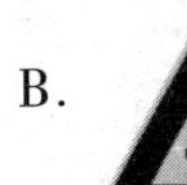

C．

D．

14．“6S”管理的核心是（　　）。

A．整理　　B．整顿

C．清扫　　D．素养

15．实施“6S”管理对于企业的好处包括（　　）。

A．提高工作效率　　B．降低成本

C．提高产品质量　　D．以上全部

三、判断题（正确的打“√”，错误的打“×”）

1．可以穿便装、不戴工作帽进入工作场地进行作业。（　　）

2．规范着装是安全文明生产的需要，也是体现企业形象的要求。（　　）

3．钳台要放在便于工作和光线适宜的地方，面对面使用钳台时，中间要安装安全防护网。（　　）

4．量具在使用时可以与工具或工件混放在一起。（　　）

5．使用电动工具时，要有绝缘防护和安全接地措施。（　　）

6．在钳台上錾削时要设置防护网，可以直接用手或棉纱清除切屑。（　　）

7．划线盘只能用来划线，不具有找正的作用。（　　）

8．用台虎钳夹紧工件时，只允许依靠手的力量来扳动手柄。（　　）

9．装配钳工主要从事机械设备产品部件、组件或成品的组合装配与调试工作。（　　）

10．机修钳工主要从事各类工具的加工、装配与调试。（　　）

11．工具钳工主要从事机械设备的装配与调试。（　　）

12．刮刀是刮削的主要工具，包括平面刮刀和曲面刮刀。（　　）

13．卡钳是一种可以直接读数的量具。（　　）

14．“6S”中的清扫不仅仅是表面清洁，而且要找出不洁净的原因。（　　）

15．各类不合格品、报废品必须及时清理、处置。（　　）

16．指令标志的几何形状是带有斜杠的圆形，圆形条带和斜杠为红色，背景色为白色，图形符号为黑色。（　　）

17．警告标志的几何形状是等边三角形，三角形条带为黑色，背景色为黄色，图形符号为黑色。（　　）

18．台虎钳夹持工件时，可套上接长杆扳紧手柄，以增加夹紧力。（　　）

19．丝锥是加工外螺纹的刀具。（　　）

20．“6S”中的整顿是将工作场所内的物品进行分类、定位和标识，以便快速找到需要的物品，提高工作效率。（　　）

四、简答题

1. 钳工的主要工作任务有哪些？

2. 钳工作业时，工具、量具的摆放应满足哪些要求？

3．简述钳工安全文明生产的基本要求。

4．钳工常用的设备、工具和量具有哪些？

5．钳工有哪些基本操作技能？

6．安全标志有何作用？

任务2 焊工基础知识与安全生产

一、填空题（将正确答案填写在横线上）

1. ________是指通过加热或加压，或两者并用，并且用或不用填充材料，使工件达到永久性结合的加工方法。

2. 根据焊接过程中金属所处状态的不同，焊接可分为________、________和________三类。

3. ________是指在焊接过程中，对焊件进行局部加热，利用高温熔化焊件连接处的金属材料，不加压力，待熔化的金属冷却后形成焊缝的焊接方法。

4. ________是指在焊接过程中，无论是否加热焊件，都必须对焊件施加压力以完成焊接的方法。

5. ________是指采用比焊件材料熔点低的金属材料作钎料，将焊件和钎料加热到高于钎料熔点而低于焊件材料熔点的温度，利用液态钎料润湿焊件材料，填充接头间隙，并与焊件材料相互扩散实现连接的焊接方法。

6. 气电焊包括__________、____________和____________等。

7. 乙炔瓶内的最高压力为__________MPa，瓶内装着浸有________的多孔填料，使乙炔稳定而安全地存放在乙炔瓶内。

8. 焊工工作服常采用____________制作，可以起到隔热、减少弧光辐射和金属飞溅对人体的伤害等作用。

9. 电焊机按焊接电源结构可分为________弧焊机、________弧焊机等。

10. 焊接后的工件除渣时应使用专业工具，并戴好__________，严禁用手直接触摸焊件。

11. 护目镜主要用来减弱____________和过滤焊接时产生的__________和__________，避免焊工的眼睛受到上述有害因素的危害。

12. 常用的焊接面罩包括__________和__________两种。

13. 焊接面罩可以防止____________、________、________对焊工面部、颈部的________和________。

14. 焊炬的作用是将____________和________按一定比例混合、燃烧并形成稳定火焰。

15. 割炬与焊炬的区别主要是割炬多一个______________。

二、选择题（将正确答案的代号填入括号内）

1. 摩擦焊属于（　　）。

A. 熔焊　　B. 压焊　　C. 钎焊　　D. 锻焊

2．焊条电弧焊属于（　　）。

A．熔焊　　B．压焊　　C．钎焊　　D．锻焊

3．在距离地面（　　）m 及以上有可能坠落的高处进行的焊接作业称为高空焊接作业。

A．1　　B．2　　C．3　　D.4

4．下列选项中，（　　）不属于对焊接面罩的要求。

A．耐热　　B．不导电　　C．导热　　D．不漏光

5．清理导电嘴、割嘴内部残渣应使用（　　）。

A．錾子　　B．钢丝刷　　C．锉刀　　D．通针

6．乙炔的工作压力应小于（　　）MPa。

A．0.15　　B．0.05　　C．0.5　　D．1.5

7．焊接场地（　　）m 范围内禁止存放易燃、易爆物品，如汽油、煤油、油漆、木屑等。

A．30　　B．20　　C．10　　D．5

8．标准氧气瓶的容积是（　　）L。

A．10　　B．20　　C．30　　D．40

9．氧气瓶瓶体外表面涂成（　　），并标注黑色“氧”字样。

A．淡蓝色　　B．淡红色

C．浅灰色　　D．白色

10．乙炔瓶瓶体外表面涂成（　　），并标注大红色“乙炔 不可近火”字样。

A．淡蓝色　　B．淡红色

C．浅灰色　　D．白色

11．电弧焊可分为焊条电弧焊和（　　）。

A．摩擦焊　　B．压焊

C．埋弧焊　　D．点焊

12．电阻焊可分为（　　）、缝焊和对焊等。

A．锻焊　　B．摩擦焊

C．激光焊　　D．点焊

13．爆炸焊属于（　　）。

A．熔焊　　B．压焊

C．钎焊　　D．激光焊

14．氧气瓶内最高压力可达（　　）MPa。

A．5　　B．10　　C．15　　D．20

15．相同强度要求的工件，焊接结构件的质量比铆接结构件的质量（　　）。

A．小　　B．大

C．相等　　D．无法比较

三、判断题（正确的打“√”，错误的打“×”）

1．焊工作业时，应穿普通工作服，防止弧光灼伤皮肤。（　　）

2．焊接前，应检查电焊机接地是否良好，焊接电源线和焊钳绝缘是否良好。（　　）

3．焊接时，可以用手接触焊件、工作台、焊钳口等带电部件。（　　）

4．超声波焊属于熔焊。（　　）

5．焊接与其他连接方式相比，不足之处在于焊件容易产生焊接变形、残余应力和应力集中等缺陷。（　　）

6．在潮湿环境中焊接时，必须站在铺有绝缘物的地方，并穿好绝缘鞋。（　　）

7．焊接结束后，应先断开总电源开关，再关闭电焊机电源开关。（　　）

8．氧气胶管的外观为红色。（　　）

9．焊接作业时，应注意防止金属火花飞溅而引起火灾。（　　）

10．焊接场地应具备良好的通风条件。（　　）

11．接通或断开电源开关时，需采用双手操作，以免发生触电时电流在人体内部形成回路。（　　）

12．离开焊接现场时，应关闭电源、气源，并熄灭火种。（　　）

13．套在氧气瓶瓶体上的防振圈起防撞缓冲作用。（　　）

14．焊接过程中，必须使用专业的防护面罩，严禁眼睛直视焊弧。（　　）

15．盛装过可燃气体和有毒物质的各种容器，可以直接进行焊割作业。（　　）

四、简答题

1．与其他加工方式相比，焊接有什么特点？

2．简述在焊接过程中如何预防触电。

3．简述焊接过程中预防弧光辐射和烫伤的安全技术。

4．简述焊工“十不”焊、割的主要内容。

模块二　钳工基本技能

任务1　在圆钢棒料上划线

一、填空题（将正确答案填写在横线上）

1. ________是指根据图样和技术要求，在毛坯或工件上，用划线工具划出待加工部位的轮廓线或作为基准的点和线。

2. 划线分为________________和________________两种。

3. 只需要在工件的一个表面上划线即能明确表示加工界线的，称为____________。

4. 需要在工件的几个互成不同角度（通常是互相垂直）的表面上划线，才能明确表示加工界线的，称为________________。

5. ________可用来划圆和圆弧、等分线段、等分角度和量取尺寸。

6. 平面划线一般要选择____个划线基准，立体划线一般要选择____个划线基准。

7. 基准可分为________________和________________。

8. 立体划线一般在____、____、____三个方向上进行。

9. 划线除要求划出的线条________均匀外，最重要的是要保证________________。

10. 在已划好的线条上打样冲眼，样冲眼间的距离可根据线条的________、________、________来决定，在线条的____________等处必须打样冲眼。

二、选择题（将正确答案的代号填入括号内）

1.（　　）是检测工件平面度、直线度等几何公差的平面基准器具，也可用于划线、研磨加工等。

A．平板　　B．直角尺

C．游标卡尺　　D．游标高度卡尺

2. 样冲的尖端一般磨成（　　）的锥角。

A．15°～20°　　B．30°～60°

C．20°～30°　　D．60°～80°

3. 划针的尖端一般磨成（　　）的夹角。

A．15°～20°　　B．30°～60°

C．20°～30°　　D．60°～80°

4．划线精度一般为（　　）mm。

A．0.025 ~ 0.05　　B．0.1 ~ 0.3

C．0.25 ~ 0.5　　D．0.25 ~ 0.8

5．用划针划线时，划针尖端要紧靠（　　）的边沿。

A．工件　　B．导向工具

C．平板　　D．直角尺

6．（　　）主要用来支撑圆柱形工件。

A．划针　　B．扳手

C．平板　　D．V 形架

7．游标高度卡尺可以用来测量高度和（　　）。

A．深度　　B．角度

C．进行划线　　D．宽度

8．游标高度卡尺的分度值一般为（　　）mm。

A．0.01　　B．0.02

C．0.03　　D．0.04

9．划线时，在工件上用来确定生产对象上几何要素间的几何关系所依据的那些点、线、面，称为（　　）。

A．划线基准　　B．设计基准

C．绘图基准

10．工件划线的最后一道工序是（　　）。

A．涂色　　B．打中心样冲眼

C．在所划线条上打样冲眼　　D．去油污、毛刺

11．划线时，在工件上所采用的基准称为（　　）。

A．划线基准　　B．测量基准

C．平面基准　　D．轴线基准

12．（　　）主要用来量取尺寸、测量尺寸，也可作划直线时的导向工具。

A．游标卡尺　　B．直角尺

C．千分尺　　D．钢直尺

三、判断题（正确的打“√”，错误的打“×”）

1．划线是一项重要的工作，线若划错，工件加工出来就会报废。（　　）

2．复杂工件的划线就是立体划线。（　　）

3．平板工作面可作为划线时的基准平面。（　　）

4．划线前在工件表面涂上一层较厚涂料，才能使划出的线条清晰。（　　）

5．蓝油是由适量龙胆紫、虫胶漆和酒精配制而成的。（　　）

6. 工件必须经过划线才能加工。（　　）

7. 划线时应从划线基准开始。（　　）

8. 工件和工具在平板上要轻拿轻放，不可损伤其工作面。（　　）

9. 划线不但能使工件在加工时有明确的尺寸界线，而且能及时发现和处理不合格的毛坯，此外还便于复杂工件在机床上安装、找正和定位。（　　）

10. 在图样上所采用的基准称为划线基准。（　　）

11. 用划针划线时，划针要垂直于工件划线表面。（　　）

12. 划线时，应尽可能使划线基准与设计基准一致。（　　）

13. 划规两脚应磨成长短相等。（　　）

14. 游标高度卡尺可用来测量高度和角度。（　　）

15. 合理选择划线基准，是提高划线质量和效率的关键。（　　）

四、简答题

1. 什么是划线？划线分为哪两类？

2. 划线的作用有哪些？

3. 常用的划线工具有哪些？

4. 平面划线时的划线基准有哪些类型？

5. 简述游标高度卡尺的使用注意事项。

任务2　錾削圆钢棒料

一、填空题（将正确答案填写在横线上）

1. 用锤子打击錾子对金属工件进行切削加工的方法，称为________。

2. ________主要用来錾削平面、去毛刺和分割板料等。

3. ________主要是用来錾削沟槽和分割曲线形板料。

4. ____________主要用来錾削润滑油槽。

5. 常用的卡尺包括________________、________________和________________等多种类型。

6. 錾子的握法分为____________和____________。

7．挥锤方法包括____________、____________和____________三种。

8．锤子的握法包括____________和____________两种。

9．錾子由________、________和________________组成。

10．游标卡尺通过外测量爪和内测量爪的配合可以直接测量出工件的________、________、________、________和________等尺寸。

11．錾削可以加工________和________、分割材料以及清理毛坯上的毛刺等，是一种粗加工方法。

12．锤子是钳工常用的敲击工具，由________、________和________组成。

13．起錾方法包括________________和________________两种。

14．錾子一般用________________________锻成，其切削部分刃磨成____形。按用途的不同，錾子可分为____錾、____錾和________錾。

15．钳工常用游标卡尺的分度值包括________________mm 和________________mm 两种。

二、选择题（将正确答案的代号填入括号内）

1．采用紧握法握锤时，腕挥频率约为（　　）次 /min，多用于余量较小錾削和起錾或终錾等场合。

A．10　　B．40

C．50　　D．90

2．采用松握法握锤时，肘挥频率约为（　　）次 /min，常用于正常錾削。

A．10　　B．40

C．50　　D．90

3．粗錾时，每次的錾削量一般为（　　）mm。

A．0.01 ~ 0.1　　B．0.1 ~ 0.2

C．0.3 ~ 0.5　　D．0.5 ~ 1.5

4．分度值为 0.02 mm 的游标卡尺，当读数为 30.42 mm 时，游标尺上的第（　　）条刻线与主标尺刻线对齐。

A．30　　B．21

C．42　　D．49

5．分度值为 0.02 mm 的游标卡尺的适用范围是（　　）。

A．IT10 ~ IT16　　B．IT11 ~ IT16

C．IT12 ~ IT16　　D．IT12 ~ IT14

6．錾削时，一般应使錾子的后角为（　　）。

A．1° ~ 3°　　B．3° ~ 5°

C．5° ~ 8°　　D．10° ~ 20°

7．錾削硬材料时，錾子的楔角应选择（　　）。

A．30°～50°　　B．50°～60°

C．60°～70°　　D．70°～80°

8．錾削时，錾子切入工件太深的原因是（　　）。

A．楔角太小　　B．前角太大

C．后角太大　　D．錾削角太大

9．使用刀口尺检测平面度时，测量面与被测位置之间透光微弱且均匀，表示此处（　　）。

A．较高　　B．较平直

C．较低　　D．无法判断

10．平面度误差值的大小可用（　　）确定。

A．塞尺　　B．钢直尺

C．刀口尺　　D．卷尺

11．塞尺可用来检测两个结合面的（　　）。

A．间隙　　B．缝隙

C．松紧　　D．高度

12．刀口尺是用（　　）检测直线度或平面度的。

A．间隙法　　B．缝隙法

C．透光法　　D．涂色研点法

13．用扁錾錾削窄平面时，扁錾的刃口宽度应（　　）被錾削平面的宽度。

A．大于　　B．等于

C．小于　　D．大于或等于

14．检查錾削平面质量的常用方法是（　　）。

A．线性法　　B．透光法

C．缝隙法　　D．涂色研点法

15．锤子的规格用锤体的（　　）表示。

A．长度　　B．质量　　C．体积　　D．宽度

16．下图所示游标卡尺的示值为（　　）mm。

A．11　　B．10.2　　C．1.1　　D．10.02

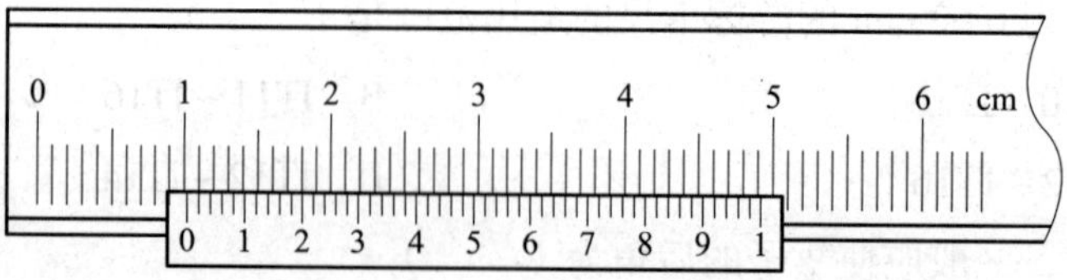

17．分度值为 0.02 mm 的游标卡尺，其主标尺间距为 1 mm，游标尺间距为（　　）mm。

A．1　　B．0.98　　C．0.1　　D．0.5

三、判断题（正确的打“√”，错误的打“×”）

1. 正握法一般用于较短小錾子的握法。 （ ）
2. 游标卡尺读数时，视线应垂直于刻线表面。 （ ）
3. 游标卡尺应按工件的尺寸和精度要求选用。 （ ）
4. 游标卡尺由主标尺和游标尺等组成。 （ ）
5. 当游标卡尺两测量爪贴合时，主标尺和游标尺的零线应对齐。 （ ）
6. 游标卡尺既可以测量铸件、锻件等毛坯工件，又可以测量精度要求高的工件。 （ ）
7. 游标卡尺是一种常用量具，能测量各种不同精度要求的工件。 （ ）
8. 起錾时，锤子的握法常采用紧握法。 （ ）
9. 錾削时，后角过小，錾子容易从錾削部位滑出。 （ ）
10. 錾削时，后角过大，錾子容易切入工件太深。 （ ）
11. 錾削沟槽时必须采用正面起錾。 （ ）
12. 錾削平面时应采用正面起錾方法。 （ ）
13. 錾削时后角的大小是由錾子被握持的方向决定的。 （ ）
14. 錾削铜和铝等软材料时，錾子的楔角一般应选择 50° ~ 60°。 （ ）
15. 錾子的切削部分只要制成楔形，就能进行錾削。 （ ）
16. 采用腕挥方法进行锤击运动时，应采用松握法握锤。 （ ）
17. 臂挥常用于较大力量的錾削。 （ ）
18. 当錾削距工件尽头 10 ~ 15 mm 时，应掉头錾去余下的部分。 （ ）
19. 游标卡尺可以直接测量出螺纹的底径。 （ ）
20. 錾削主要用于不便于机械加工的场合。 （ ）
21. 塞尺是一种界限量规。 （ ）

四、简答题

1. 钳工常用錾子的种类有哪些？各适用于什么场合？

2．如何确定合理的錾削角度？

3．錾削的挥锤方法有哪些？各有什么特点？

4．简述錾削平面时起錾和终錾的操作要点。

5．简述游标卡尺的示值读取方法。

任务3 锯削扁圆钢棒料

一、填空题（将正确答案填写在横线上）

1. 用________对材料或工件进行________或________等的加工方法，称为锯削。

2. 手锯由________和________两部分构成。

3. 锯条的粗细规格应根据材料的________和________来选用。

4. 锯齿在锯条上一般按一定的规律________________排列，以减少________________与锯条的摩擦。

5. 起锯的要点：________________，施加压力要小，速度要慢，起锯角度要正确。

6. 起锯方法包括____________和____________两种，为避免锯条卡住或崩裂，应尽量采用____________。

7. 锯条的长度规格用______________________________表示，常用的锯条长度为____________mm。

8. 锯削时，手锯的运动方式有两种，一种是___________，另一种是___________。

9. 装夹薄壁管子和精加工过的管子时，为防止管子被夹变形或夹坏，可用________________夹持。

10. 锯削薄壁管子时，应采用________锯削法。

二、选择题（将正确答案的代号填入括号内）

1. 手锯在（　　）时才起切削作用，因此安装锯条时应使齿尖方向（　　）。

A．前推　朝前　　B．前推　朝后

C．后拉　朝前　　D．后拉　朝后

2. 为防止锯条卡住或崩裂，起锯角约为（　　）。

A．10°　　B．15°　　C．20°　　D．25°

3. 锯削管子和薄板材料时，必须选用齿距（　　）的锯条。

A．大　　B．小

C．中等　　D．长

4. 锯削硬材料或切面较小的工件时，应选用齿距（　　）的锯条。

A．较大　　B．较小

C．中等　　D．较长

5. 锯弓包括固定式和（　　）两种。

A．手提式　　B．不可调式

C．变化式　　D．可调式

6．锯条的粗细规格用锯条每（　　）mm 长度内的锯齿数或齿距（两相邻锯切刃之间的距离）表示。

A．25.4　　B．24.5

C．25　　D．28

7．锯削软材料或切面较大的工件时，应选用齿距（　　）的锯条。

A．较小　　B．较大

C．中等　　D．较长

8．当锯削到锯弓高度时，可将锯条转过（　　）安装，使锯弓在工件的外侧；或将锯条转过（　　）安装，使锯弓在工件的底部，继续进行锯削。

A．90°　　B．180°

C．270°　　D．360°

9．锯削速度以（　　）次 /min 为宜。

A．20　　B．60

C．40　　D．80

10．起锯到槽深达（　　）mm 时，锯条已不会滑出槽外，拇指可离开锯条。

A．0.5 ~ 1　　B．1 ~ 2

C．2 ~ 3　　D．3 ~ 4

三、判断题（正确的打“√”，错误的打“×”）

1．可调式锯弓通过调整锯弓长度可以安装不同长度的锯条。（　　）

2．锯条一般用非合金工具钢等制成。（　　）

3．为了提高锯削速度，可以把锯弓推进的快些。（　　）

4．锯条张紧力要适当，过紧则锯条受力太大，容易折断；过松则锯条会发生扭曲，造成锯缝歪斜。（　　）

5．锯削时，应使锯缝线与铅垂线方向一致。（　　）

6．起锯角应大于 15°，这样起锯容易切入材料。（　　）

7．起锯角太大，不易平稳起锯，尤其是近起锯时锯齿会被工件棱边卡住而引起崩裂。（　　）

8．起锯到槽深有 1 mm 左右时，拇指即可离开锯条。（　　）

9．安装锯条时，不仅要注意锯齿方向，还要注意松紧程度。（　　）

10．锯削时，一般应使锯条的行程不小于锯条长度的 2/3。（　　）

11．起锯方法一般采用近起锯较好。（　　）

12．锯削时，应尽量使锯缝在台虎钳的右侧，并距钳口 20 mm 左右，以防产生振动。（　　）

13．锯削较长材料在即将锯断时，应用手托住即将断裂的部分，以防伤人。（　　）

14．起锯时，起锯角越小越好。（　　）

15．固定式锯弓可以安装几种不同长度规格的锯条。（　　）

16．锯削薄壁管子时，可以从一个方向自始至终锯断，避免钩坏管子或者使锯条崩齿。（　　）

17．锯条安装的过紧或过松，会导致锯削过程中锯条折断。（　　）

18．安装工件时，锯缝线与铅垂线方向不一致，会导致锯削过程中锯缝歪斜。（　　）

19．锯条粗细规格选用不对，会导致锯齿崩裂。（　　）

20．锯削速度太快，会导致锯齿很快磨钝。（　　）

四、简答题

1．如何合理地选用不同粗细规格的锯条?

2．安装锯条时应注意哪些问题?

3．起锯角太大或太小分别有什么危害?

4．锯削速度为什么不能过快或过慢？

5．简述锯削的注意事项。

6．简述锯削常见缺陷的产生原因和预防措施。

任务4 锉削长方体

一、填空题（将正确答案填写在横线上）

1. 用锉刀对工件进行切削加工的方法称为________。

2. 锉刀主要由____________、____________、____________、____________和____________等部分组成。

3. 锉刀的齿纹包括____________和____________两种。

4. 常用的锉刀分为____________、____________和____________三类。

5. 锉刀的规格包括______________和__________________________。

6. 不同的锉刀有不同的尺寸规格表示方法，圆锉用______________表示，方锉用________表示，其他锉刀用______________表示。

7. 通常应根据工件的______________、______________、______________、______________和__________________等要求来选择锉刀。

8. ________锉刀用于加工余量大、精度要求低和表面粗糙度要求不高的工件；________锉刀用于加工余量小、精度要求高和表面粗糙度要求高的工件。

9. ____________主要用于修整工件上的细小结构。

10. 平面锉削方法主要包括____________、____________和____________等。

11. 钳工锉按其断面形状不同，分为__________、__________、______________、______________和__________五种。

12. 外径千分尺主要由________、________、______________、______________、__________、______________和______________等组成。

13. 锉削内圆弧面时，必须选用____________、________进行加工。

14. 对于锉削加工后的内、外圆弧面，可使用______________检测曲面的轮廓度。

15. 半径样板通常包括______________和______________两类。

16. 工件的锉削加工过程一般要经过________和________两个阶段。

17. ________一般用来锉削窄长平面，或用于不方便采用顺向锉的场合。

18. 锉削外圆弧面时，常用____________和____________两种方法。

二、选择题（将正确答案的代号填入括号内）

1. 锉刀的粗细规格用每（　　）mm 轴向长度内的主锉纹条数表示。

A. 5　　　　B. 10

C. 20　　　　D. 30

2．分度值为 0.01 mm 的外径千分尺的微分筒旋转 1 格，测微螺杆轴向移动（　　）mm。

A．1　　B．0.1　　C．0.01　　D．0.001

3．在锉削窄长平面和修整尺寸时，可选用（　　）的方法。

A．推锉　　B．顺向锉

C．交叉锉　　D．周向摆动锉

4．平锉不可以锉削（　　）。

A．平面　　B．外圆面

C．凸弧面　　D．凹弧面

5．外径千分尺是将测微螺杆的旋转角度转换成（　　）位移进行尺寸测量的。

A．平行线　　B．垂直线

C．轴向　　D．交叉

6．锉削速度一般为（　　）次 /min。

A．20　　B．40　　C．60　　D．80

7．用量具测量工件尺寸时，可多次测量后，取其（　　）。

A．平均值　　B．最大值

C．最小值　　D．任意值

8．平面锉削方法除了顺向锉、交叉锉，还有（　　）。

A．拉锉　　B．推锉　　C．平锉　　D．立锉

9．外径千分尺读数时，（　　）进行读数。

A．可以取下　　B．不可以取下

C．最好不要取下　　D．都可以

10．下图所示外径千分尺的示值为（　　）mm。

A．6.35　　B．6.85

C．7.35　　D．7.85

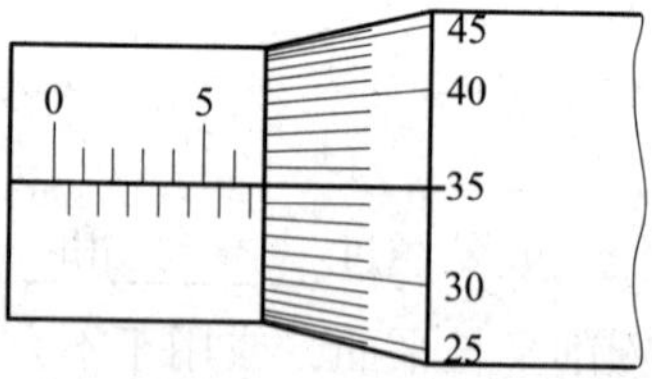

11．锉刀尺寸应与工件被加工面的大小相适应，工件被加工面的尺寸越大，选用的锉刀的尺寸应（　　）。

A．越大　　B．越小　　C．中等　　D．都可以

12．锉削内圆弧面时，要求锉刀的圆弧半径必须（　　）被加工内圆弧的半径。

A．大于　　B．大于或等于

C．小于　　D．小于或等于

13. 可使用（　　）检测曲面的轮廓度。

A. 塞尺　　B. 半径样板

C. 游标万能角度尺　　D. 划规

三、判断题（正确的打“√”，错误的打“×”）

1. 圆锉和方锉的尺寸规格都是用锉身长度表示的。（　　）
2. 锉削加工余量小、精度和表面粗糙度要求较高的工件应选用细齿锉刀。（　　）
3. 锉削速度一般为 40 次 /min 左右，推出时稍快，回程稍慢。（　　）
4. 检测锉削平面的平面度通常采用透光法。（　　）
5. 推进锉刀时，推力的大小主要由后手控制，而压力的大小则由两手共同控制。（　　）
6. 锉削较硬的材料用粗齿锉刀，锉削较软的材料用细齿锉刀。（　　）
7. 锉削平面时，可用手抹去切屑或用嘴吹去切屑。（　　）
8. 常用外径千分尺的分度值都是 0.001 mm。（　　）
9. 锉刀尺寸规格的选择仅取决于加工余量的大小。（　　）
10. 锉刀应先用一面，待用钝后再用另一面。（　　）
11. 钢直尺、刀口尺既可以用于检测工件的直线度，又可以用于检测工件的平面度。（　　）
12. 精锉平面必须采用顺向锉的方法，以保证工件的外观质量。（　　）
13. 不能用外径千分尺测量毛坯或转动的工件。（　　）
14. 粗锉平面应先采用推锉的方法。（　　）
15. 锉削过程中，两手对锉刀的压力大小应保持不变。（　　）
16. 顺向锉可以使锉削面得到整齐一致的锉痕，比较美观。（　　）
17. 装夹已加工表面和精密工件时，应在台虎钳钳口上衬纯铜皮或铝皮等制成的软钳口，以防夹坏工件。（　　）
18. 锉刀在工件上任意位置时，其前后两端所受的力都相等。（　　）

四、简答题

1. 锉削时，工件的装夹应注意哪些事项？

2．常用锉刀的种类有哪些？各适用于什么场合？

3．简述外径千分尺的示值读取方法。

任务5　在长方体上钻孔、扩孔、锪孔

一、填空题（将正确答案填写在横线上）

1．用钻头在实体材料上加工孔的方法称为________。

2．________________主要是为了去除孔口毛刺，没有较高的精度要求。

3．在小型工件、薄板上钻小孔或不能用手握住工件钻孔时，必须将工件放置在____________上，用____________夹持来钻孔。

4．麻花钻由________和________组成。

5．钻体由________________、________________及空刀组成。

6．钻削用量包括________________、____________和________________。

7．钻孔时，主运动是____________________，进给运动是______________________________________。

8．在圆柱形工件上钻孔时，可用带夹紧装置的____________夹持。

二、选择题（将正确答案的代号填入括号内）

1. 钻孔的尺寸精度一般为（　　）。

A．IT11～IT10　　B．IT10～IT8

C．IT15～IT9　　D．IT9～IT6

2. 钻孔的表面粗糙度值一般为 *Ra*（　　）μm。

A．1.6～3.2　　B．3.2～12.5

C．12.5～50　　D．3.2～50

3. 麻花钻的规格用（　　）表示。

A．长度　　B．直径

C．深度　　D．宽度

4. 台式钻床的最大钻孔直径为（　　）mm。

A．10　　B．11

C．12　　D．13

5. 当孔的尺寸精度、表面粗糙度要求较高时，应选择（　　）。

A．较大的背吃刀量

B．较大的进给量和较小的切削速度

C．较小的进给量和较大的切削速度

D．较小的背吃刀量

6. 钻孔时，（　　）对钻头寿命的影响大。

A．背吃刀量比切削速度

B．背吃刀量比进给量

C．切削速度比进给量

D．进给量比切削速度

7. 钻孔时，若钻头上缠绕铁屑，应及时停车，用（　　）清除。

A．手　　B．工件　　C．钩子　　D．嘴吹

8. 标准麻花钻主要用于（　　）。

A．扩孔　　B．钻孔

C．铰孔　　D．锪孔

9. 一般直径小于 13 mm 的钻头做成（　　）。

A．直柄　　B．莫氏锥柄

C．直柄或锥柄　　D．锥柄

10. 一般直径大于或等于 13 mm 的钻头做成（　　）。

A．直柄　　B．莫氏锥柄

C．直柄或锥柄　　D．锥柄

11. 当孔将要钻穿时，(　　)。

A. 应加大进给量　　B. 对进给量没有要求

C. 应保持进给量　　D. 应减小进给量

三、判断题（正确的打“√”，错误的打“×”）

1. 钻夹头可用来装夹直径小于 13 mm 的直柄钻头。(　　)

2. 麻花钻一般用高速钢制造。(　　)

3. 钻孔时，材料的强度、硬度高，钻头的直径大时，应选择较大的切削速度和较大的进给量。(　　)

4. 钻孔时，钻头是按照螺旋运动来切削的。(　　)

5. 钻孔前，将中心样冲眼敲大是为了准确落钻定心。(　　)

6. 钻削用量应根据钻头直径、钻头材料、工件材料、加工精度和表面粗糙度等方面的要求来选择。(　　)

7. 钻大孔时，进给量取小些，切削速度取大些。(　　)

8. 在钢件上锪孔时，由于产生的切削热量大，加工过程中要加注切削液进行冷却、润滑。(　　)

9. 装夹后工件表面一定要与麻花钻的轴线垂直，以保证钻出的孔的轴线与工件表面垂直。(　　)

10. 操作钻床时需要佩戴手套，袖口必须扎紧，女生把头发包进工作帽。(　　)

11. 钻孔时，要根据孔的检查线不断校正。(　　)

12. 钻孔时，加注切削液的主要目的是提高孔的表面质量。(　　)

13. 一般麻花钻的直径越小，所需的转速越高。(　　)

四、简答题

1. 钻孔时加注切削液有什么作用?

2．钻孔时应如何选择钻削用量?

3．钻孔时，用平口钳装夹长方体工件应注意哪些事项?

4．钻孔的常见缺陷有哪些?

5．简述钻孔的注意事项。

任务6　在长方体上铰孔

一、填空题（将正确答案填写在横线上）

1．用铰刀从工件孔壁上切除________，以提高孔的________和________的加工方法称为铰孔。

2．按使用方法不同，铰刀可分为________和________两种。

3．手用铰刀柄部为________形。

4．机用铰刀分为______、______和______三种。

5．________是指上道工序（钻孔或扩孔）完成后，在直径上留下的加工余量。

6．选择铰削余量时，应考虑________、________、________、____________、________和________等诸多因素的综合影响。

7．塞规的两端是圆柱体，一端略长，一端略短，长的一端为________，短的一端为________。

8．铰孔时，要加注＿＿＿＿＿＿＿＿，以减少摩擦、降低刀具和工件的温度，从而提高孔的表面质量，防止产生孔径扩大现象。

9．用普通标准高速钢机铰刀在钢件上铰孔时，切削速度为＿＿＿＿＿＿＿＿m/min；在铸铁件上铰孔时，切削速度为＿＿＿＿＿＿＿＿m/min；在铜件上铰孔时，切削速度为＿＿＿＿＿＿＿＿m/min。

二、选择题（将正确答案的代号填入括号内）

1．机用铰刀多为锥柄，直径为（　　）mm。

A．5～30　　B．10～50

C．5～50　　D．10～80

2．机铰铸铁件时，进给量一般为（　　）mm/r；机铰铜件或铝件时，进给量一般为（　　）mm/r。

A．0.1～0.5　　B．0.5～1

C．1～1.2　　D．1.2～1.5

3．机铰时，应使工件（　　）装夹进行钻、扩、铰，以保证孔轴线的精度。

A．一次　　B．二次

C．三次　　D．多次

4．下列选项中，（　　）不是铰孔的特点。

A．加工精度高　　B．表面粗糙度值小

C．可以纠正位置偏差　　D．可以提高工件硬度

5．下列选项中，（　　）对铰孔的质量影响最大。

A．铰削速度　　B．铰削深度

C．铰削余量　　D．铰削角度

6．下列选项中，（　　）是影响铰孔表面粗糙度的主要因素。

A．铰刀直径　　B．铰刀刃数

C．切削速度　　D．切削液种类

7．机铰时，切削速度应根据（　　）进行选择。

A．工件材料　　B．刀具材料

C．背吃刀量　　D．切削液种类

8．铰孔时，切削液的作用主要是（　　）。

A．减小切削力　　B．冷却刀具和工件

C．降低切削温度　　D．提高切削速度

9．铰孔适用于（　　）的加工。

A．金属材料　　B．木材

C．塑料　　D．石材

10. 铰孔后，孔径需要用（　　）进行检测。

A．塞尺　　B．钢直尺

C．塞规　　D．卷尺

三、判断题（正确的打“√”，错误的打“×”）

1．一般钻孔的相关精度不高，而铰孔的尺寸精度和表面质量都比较高。（　　）

2．正常铰削时，两手用力要均匀、平稳旋转，不得有侧向压力，同时适当加压，使铰刀均匀地进给。（　　）

3．铰孔时可能产生孔径缩小或孔径扩大的现象。（　　）

4．铰孔完毕，铰刀退出时必须反转。（　　）

5．手铰时，两手用力应均匀，按正、反两个方向反复倒顺扳转。（　　）

6．铰孔时，一般应选用较大的切削速度。（　　）

7．铰孔是用铰刀对粗加工的孔进行精加工。（　　）

8．铰孔时，必须用适当的切削液冲掉切屑，减少摩擦，并降低工件和铰刀的温度，防止产生刀瘤。（　　）

9．铰孔时，铰削余量越小，孔的表面越光洁。（　　）

10．铰刀刃口不锋利，刀面粗糙，会导致加工表面粗糙度达不到要求。（　　）

11．铰孔时，进给量和铰削余量太大，会造成孔径缩小。（　　）

四、简答题

1．简述铰孔的注意事项。

2．为什么铰削余量不能太大或太小？

3．为什么铰孔时的进给量不能太大或太小？

4．为什么铰孔时要加注切削液？

5．铰孔的常见缺陷有哪些？

6．铰刀过早磨损的原因有哪些？

任务7　在长方体和阶梯轴上加工螺纹

一、填空题（将正确答案填写在横线上）

1. 用________在孔中切削出____________的加工方法，称为____________。

2. 用________在圆杆或管子上切削出____________的加工方法，称为____________。

3. ________是加工内螺纹的刀具，分为________丝锥和________丝锥。

4. 成组丝锥切削量的分配形式包括__________________和__________________两种。

5. ________是手工攻螺纹时用来夹持丝锥的工具，分为________铰杠和__________铰杠。

6. 铰杠分为____________和____________两种。

7. 铰杠的规格参数用________表示。

8. __________是加工外螺纹的刀具，由______________、__________________和______________组成。

9. 板牙可分为__________和__________两类。

10. 攻螺纹时，丝锥对金属层有较强的挤压作用，因此，攻螺纹前底孔直径应稍________螺纹________。

11. 套螺纹时，金属材料因受板牙的挤压而产生变形，因此，套螺纹前圆柱形工件外径应稍________螺纹________。

12. 通常M6～M24丝锥每组有____支。

13. 丝锥由________和________________组成。工作部分由____________和________________组成。

14. 成组等径丝锥中，各支丝锥的________、________、________都相等，只是切削锥的________和_______________不等。

15. 两支一组的不等径丝锥按____________分担切削量。

16. 在钢件或塑性较大材料上攻螺纹时，底孔直径计算公式为____________________________。

17. 套螺纹时，圆柱形工件外径的计算公式为_______________________________。

18. 攻盲孔螺纹时，底孔深度的计算公式为__________________________________。

二、选择题（将正确答案的代号填入括号内）

1. 通常三支一组的不等径丝锥按（　　）分担切削量。

A．6∶3∶1　　B．1∶3∶6

C．1∶2∶3　　D．3∶2∶1

2. M6 以下及 M24 以上的丝锥每组有（　　）支。

A. 1　　B. 2

C. 3　　D. 4

3. 攻螺纹前底孔直径应（　　）螺纹小径。

A. 稍小于　　B. 稍大于

C. 等于　　D. 无法确定

4. 在钢件上攻 M20 × 2 的内螺纹时，底孔直径为（　　）mm。

A. 20　　B. 22

C. 18　　D. 16

5. 套螺纹前圆柱形工件外径应（　　）螺纹大径。

A. 稍小于　　B. 稍大于

C. 等于　　D. 无法确定

6. 在钢件上套 M10 × 1 的外螺纹时，圆柱形工件外径为（　　）mm。

A. 9　　B. 9.87

C. 10.13　　D. 11

7. 头锥与二锥最大的区别在于丝锥的前端，头锥的牙（　　），二锥的牙（　　）。

A. 深　　B. 相等

C. 浅　　D. 无法确定

8. 攻螺纹只能加工（　　）螺纹。

A. 三角形　　B. 梯形

C. 方形　　D. 圆形

9. 攻螺纹时，丝锥与工件表面不垂直会造成螺纹（　　）。

A. 烂牙　　B. 歪斜

C. 中径变大　　D. 中径变小

10. 为保证丝锥轴线与孔轴线重合而不歪斜，在丝锥攻入（　　）圈后，应及时从前后、左右两个方向用直角尺进行检查，并不断校正至满足要求。

A. 6 ~ 8　　B. 4 ~ 6

C. 2 ~ 4　　D. 1 ~ 2

11. 为避免切屑过长而咬死丝锥，攻螺纹时铰杠每转动 1/2 ~ 1 圈，就应倒转（　　）圈，使切屑碎断后排出。

A. 1/4 ~ 1/2　　B. 1/6 ~ 1/3

C. 1/8 ~ 1/4　　D. 1/5

12. 为使板牙起套时容易切入工件并做正确导向，圆柱形工件端部倒成（　　）的锥体。

A. 5° ~ 10°　　B. 15° ~ 20°

C. 10° ~ 15°　　D. 20° ~ 25°

13．套螺纹时，在板牙套入（　　）圈后，应及时检测其垂直度并校正。

A．1～2　　B．3～5

C．5～8　　D．8～10

三、判断题（正确的打“√”，错误的打“×”）

1．锥形分配的成组丝锥中，各支丝锥的大径、中径、小径均不相等。（　　）

2．柱形分配的成组丝锥中，头锥、二锥的大径、中径、小径均比精锥的小。（　　）

3．攻螺纹前底孔直径只要根据螺纹公称直径确定即可。（　　）

4．套螺纹前圆柱形工件外径太小会使螺纹太浅。（　　）

5．板牙只在单面制作切削锥，因此只能单面使用。（　　）

6．普通螺纹丝锥有粗牙、细牙之分，单支、成组之分，等径、不等径之分。（　　）

7．经常倒转丝锥和板牙的目的是断屑。（　　）

8．攻螺纹前应将孔口倒角，套螺纹前应将圆柱形工件端部倒角。（　　）

9．丝锥的柄部起夹持和传动作用。（　　）

10．板牙架是用来夹持丝锥的工具。（　　）

11．攻盲孔螺纹时，由于丝锥切削锥不能攻出完整的螺纹牙型，因此底孔深度要小于螺纹的有效长度。（　　）

12．当头锥攻入3～4圈后，不需要再对铰杠施加压力，而要使丝锥做旋进切削。（　　）

13．套螺纹时，为保证夹紧可靠，圆柱形工件伸出部分应垂直并尽量短。（　　）

14．攻螺纹时，丝锥切削刃上粘有积屑瘤，会导致螺纹表面粗糙。（　　）

15．套螺纹时，圆柱形工件外径太大，会导致螺纹牙深不够。（　　）

16．加工螺纹时，底孔直径太小或圆柱形工件外径太大，会导致丝锥或板牙崩牙或扭断。（　　）

17．在韧性材料上攻螺纹时，通常要加注切削液。（　　）

四、简答题

1．简述丝锥的结构及其作用。

2．简述攻螺纹前底孔直径的确定方法。

3．简述套螺纹前圆柱形工件外径的确定方法。

4．攻螺纹的常见缺陷有哪些？

5．套螺纹的常见缺陷有哪些？

6．加工螺纹时，丝锥和板牙损坏的原因有哪些？

任务8 在长方体上刮削和研磨

一、填空题（将正确答案填写在横线上）

1．用________刮去工件表面________________的加工方法，称为刮削。

2．用________________和____________从工件表面磨去一层极薄的金属，使工件获得精确的________、________和极小的________________________的加工方法，称为研磨。

3．刮刀分为________刮刀和________刮刀两类。

4．平面刮刀用于________________和________，曲面刮刀用于刮削____________。

5．常用的平面刮刀分为____________和____________。

6．常用的校准工具包括________________、________________、________________，以及根据被刮面形状设计制造的________________________等。

7．____________的作用是显示工件误差的位置和大小，常用的包括____________、________等。

8．刮削方法包括____________和____________。

9．平面刮削一般要经过________、________、________和________等过程。

10．刮削能获得很高的________精度、________精度、________精度和很小的表面粗糙度值。

11．校准工具是用来________和检查____________准确性的工具。

12．研磨可以获得高________精度、________精度和极小的____________________。

13．研磨是________切削，因此研磨余量不宜太大，通常在____________________mm 比较合适。

14．刮削精度包括________________、________________、________________、________________和____________________等。

15．外曲面刮削时，一般使用________刮刀。

二、选择题（将正确答案的代号填入括号内）

1．研具材料比被研磨的工件材料（　　）。

A．软　　B．硬

C．软硬均可　　D．超硬

2．用刮刀在工件表面上刮去一层很薄的金属，可以提高工件的加工（　　）。

A．尺寸　　B．强度

C．耐磨性　　D．精度

3．检查内曲面刮削质量时，校准工具一般采用与其配合的（　　）。

A．孔　　B．轴

C．孔或轴　　D．量具

4．研磨速度不应太快，手工粗研时每分钟往复（　　）次。

A．40 ~ 60　　B．20 ~ 40

C．10 ~ 20　　D．80 ~ 100

5．研磨中起分散磨料、稀释、冷却和润滑作用的是（　　）。

A．磨料　　B．研磨剂

C．分散剂　　D．辅助材料

6．若工件被刮削面小于校准平板表面，研点时最好（　　）。

A．超出校准平板　　B．不超出校准平板

C．超出或不超出校准平板　　D．可以超出校准平板

7．细刮时，研点后显示有些发亮的研点应（　　）。

A．轻些刮　　B．重些刮

C．不轻不重地刮　　D．不刮

8．刮削余量不应太大，一般为（　　）mm。

A．0.05 ~ 0.4　　B．0.04 ~ 0.05

C．0.4 ~ 0.5　　D．0.8 ~ 0.9

9．细刮到 25 mm × 25 mm 正方形方框内出现（　　）个研点时，细刮结束。

A．5 ~ 8　　B．8 ~ 12

C．12 ~ 15　　D．15 ~ 18

10．刮削外曲面时，刮刀中心线与刮削面保持约（　　）夹角，且应交叉刮削。

A．15°　　B．20°

C．25°　　D．30°

三、判断题（正确的打"√"，错误的打"×"）

1．刮削时，显示剂只可以涂在工件表面上，不可以涂在校准件上。（　　）

2．刮削姿势包括手刮法和机刮法两种。（　　）

3．粗刮的目的是增加研点，改善表面质量，使刮削面符合精度要求。（　　）

4．研磨后工件的耐磨性和抗腐蚀能力均有提高。（　　）

5．刮削具有切削量大、切削力大、产生热量大、装夹变形大等特点。（　　）

6．粗刮时，显示剂可调得稀些；精刮时，显示剂可调得干些。（　　）

7．刮削是一种粗加工方法。（　　）

8．研磨后的尺寸精度可达到 0.01~0.05 mm。（　　）

9．刮削平面时，必须沿一个方向进行刮削，否则会造成刀迹紊乱，降低刮削面质量。（　　）

10．刮削后的表面，不得有任何微浅的凹坑，以免影响工件的表面质量。（　　）

11．刮削余量可根据刮削面积的大小而适当变化，刮削面积大，刮削余量应大些；反之，刮削余量可小些。（　　）

12．研具材料应比被研磨的工件材料稍硬，否则几何精度不易保证，影响研磨精度。（　　）

13．研磨时，为减小工件表面粗糙度值，可加大研磨压力。（　　）

14．研磨是一种精加工方法。（　　）

四、简答题

1．刮削有哪些特点？

2．调和显示剂时，应注意哪些事项?

3．简述刮削的注意事项。

4．简述研磨的注意事项。

5．简述刮削的常见缺陷和产生原因。

任务9 加工车模

一、填空题（将正确答案填写在横线上）

1．游标万能角度尺可用来测量工件的____________________。

2．游标万能角度尺的分度值包括________和________两种，Ⅰ型游标万能角度尺的测量范围为__________________________。

3．Ⅰ型游标万能角度尺主要由________、___________、________和___________等组成。

二、选择题（将正确答案的代号填入括号内）

1. 分度值为 2′ 的游标万能角度尺，主尺 1 格为 1°，游标尺 1 格为（　　）。

A. 98′　　B. 58′　　C. 29°　　D. 59°

2. 使用Ⅰ型游标万能角度尺时，可通过主尺与直角尺、直尺的相互组合，将测量范围划分为 4 个测量段，相邻测量段相差（　　）。

A. 90°　　B. 180°　　C. 270°　　D. 360°

3. Ⅰ型游标万能角度尺只装直角尺可测量角度为（　　）。

A. 0° ~ 50°　　B. 50° ~ 140°

C. 140° ~ 230°　　D. 230° ~ 320°

4. 下图所示游标万能角度尺的示值为（　　）。

A. 16° 24′　　B. 16° 12′　　C. 23° 22′　　D. 23° 24′

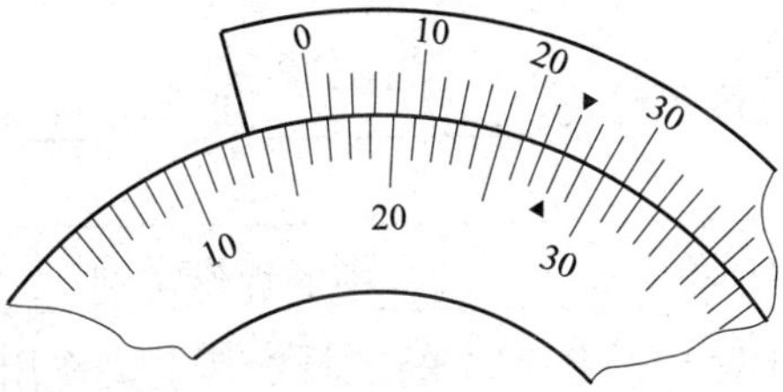

0
10
20
30
10
20
30

三、判断题（正确的打“√”，错误的打“×”）

1. Ⅰ型游标万能角度尺可以测量 0° ~ 360°的任何角度。（　　）

2. 游标万能角度尺只能测量角度，不能作划线工具。（　　）

四、简答题

1. 简述游标万能角度尺的结构。

2. 简述游标万能角度尺的示值读取方法。

模块三　焊工基本技能

任务1　钢板的气体保护焊

一、填空题（将正确答案填写在横线上）

1．CO_2 气体保护焊的焊接设备主要由__________、__________、________、__________和__________等组成。

2．CO_2 气体保护焊送丝系统的送丝方式包括________、________和________三种。

3．按结构不同，焊枪可分为__________和__________；按冷却方式不同，焊枪可分为____________和______________。

4．送丝系统的作用是将__________中的焊丝送到________出口处。

5．焊枪是直接用于完成焊接工作的工具，其主要作用是输出____________和____________。

6．供气系统的作用是将 CO_2 气瓶内的____________转换为________，经过降压后进入管路，以一定的流量从____________中射出。

7．__________的作用是将气瓶中的高压气体调节为低压（工作压力）气体。

8．控制系统由______________和______________两部分组成。

9．通常将直径小于或等于____________mm 的焊丝称为细焊丝，将直径大于或等于____________mm 的焊丝称为粗焊丝。________使用较小的焊接电流，可用于全位置焊；________使用较大的焊接电流，仅适用于平焊。

10．焊接电流的大小主要取决于____________，还与____________、____________等有关。

11．焊丝伸出长度是指__________与____________的距离。

12．CO_2 气体保护焊的生产效率比焊条电弧焊高__________倍，成本只有焊条电弧焊的______________。

13．CO_2 气体保护焊时，一般情况下焊丝伸出长度为焊丝直径的____________倍左右。

14．常见焊接方式包括__________、__________、__________、__________和________等。

15. CO_2气体保护焊常见的缺陷包括________、________、________、________、________、________和________等。

16. 焊接残余变形可分为________、________、________、________和________等基本形式。

二、选择题（将正确答案的代号填入括号内）

1. 焊接用的CO_2纯度应不低于（　　）。

A. 90.0%　　B. 99.0%

C. 99.5%　　D. 99%

2. 工业用CO_2气瓶瓶体外表面涂成（　　）色。

A. 蓝　　B. 白

C. 灰　　D. 铝白

3. 根据一般经验，ϕ1.2 mm焊丝的气体流量可选择（　　）L/min。

A. 5 ~ 10　　B. 10 ~ 15

C. 15 ~ 20　　D. 20 ~ 25

4. CO_2气体保护焊中，焊件厚度为1 mm，焊丝直径应选择（　　）mm。

A. 1.6　　B. 1.2

C. 1.0　　D. 0.8

5. 定位焊时，各焊点间距离大小与焊件的厚度有关，一般间距为焊件厚度的（　　）倍。

A. 10 ~ 15　　B. 15 ~ 30

C. 20 ~ 40　　D. 30 ~ 50

6. CO_2气体保护焊对焊缝采取（　　）保护。

A. 气　　B. 渣

C. 气 – 渣联合　　D. 电弧

7. 采用CO_2气体保护焊焊接时应（　　）。

A. 先通气后引弧　　B. 先引弧后通气

C. 先停气后熄弧　　D. 先停电后停送丝

8. CO_2气瓶内的压力要求不低于（　　）MPa。

A. 0.098　　B. 0.98

C. 4.8　　D. 9.8

9. CO_2气体保护焊熔化焊件材料的热量主要是（　　）。

A. 电阻热　　B. 物理热

C. 化学热　　D. 电弧热

10．CO_2气体保护焊经常出现的是（　　）气孔。

A．氢气　　B．一氧化碳

C．氮气　　D．氧气

11．CO_2气体保护焊中，（　　）是应用最广的一种送丝方式。

A．拉丝式　　B．推丝式

C．推拉式　　D．以上都是

12．气瓶必须安放稳固，且一般应（　　）。

A．水平放置　　B．倾斜放置

C．直立放置　　D．倒立放置

13．（　　）是危害最大的焊接缺陷。

A．裂纹　　B．气孔

C．咬边　　D．焊波

14．CO_2气体保护焊过程中，焊丝与焊件表面的倾斜角一般是（　　）。

A．10°～20°　　B．35°～45°

C．50°～60°　　D．70°～80°

15．下列选项中，（　　）不是CO_2气体保护焊的缺点。

A．飞溅较大，焊缝表面成形较差

B．很难用交流电源焊接

C．短路过渡，全位置焊接

D．不能焊接容易氧化的有色金属材料

三、判断题（正确的打“√”，错误的打“×”）

1．CO_2气体保护焊采用正极性接法，焊缝熔深较深，余高较小，飞溅较少，焊缝表面成形较好。（　　）

2．电弧电压与弧长成正比，其大小直接影响着焊接过程的稳定性、焊缝的成形和飞溅的大小。（　　）

3．气体流量直接影响焊接质量，气体流量越大，越不容易产生气孔。（　　）

4．CO_2气体保护焊适宜进行全位置焊接，且适用于薄板、中厚板甚至厚板的焊接。（　　）

5．CO_2气体保护焊不易受外界气流干扰。（　　）

6．CO_2气体保护焊的焊接材料主要是CO_2气体和焊丝。（　　）

7．CO_2气体保护焊常见缺陷包括未熔合、未焊透、气孔和裂纹等。（　　）

8．气孔是CO_2气体保护焊的常见缺陷，可以通过提高焊接速度和调整焊接电流、电弧电压来解决。（　　）

9．CO_2 气体保护焊的安全隐患主要来自焊接火花和高温金属，应注意佩戴防护用品和避免可燃物。（ ）

10．外观检查和厚度检测是 CO_2 气体保护焊焊接质量检查的必要内容，而金相组织观察仅适用于特殊情况。（ ）

四、简答题

1．简述 CO_2 气体保护焊的优点。

2．简述 CO_2 气体保护焊的缺点。

3．简述 CO_2 气体保护焊的注意事项。

4．气体保护焊产生裂纹的原因有哪些？

任务2 薄板的电阻点焊

一、填空题（将正确答案填写在横线上）

1．电阻点焊机由____________、__________、__________和带有可更换电极臂的______组成。

2．焊炬由______、________、__________、______等组成。

3．电极由________制成，其作用是给焊接部位______，提供______，同时在保持加压的状态下使此部位______。

4．电阻焊是指焊件组合后通过______施加压力，利用______通过接头的接触面及邻近区域产生的________进行焊接的方法。

5．点焊机控制面板可以调节变压器输出____________的大小和____________的高低，并可以精确调节____________通过的时间。

6．____________是为避免点焊时产生分流影响焊点质量而规定的数值。

7．焊件清理后，要在其表面涂上一层导电系数较高的__________。

8．焊接循环的______阶段将待焊的两个焊件搭接在一起，置于上、下铜电极之间，然后施加一定的电极压力，将两个焊件压紧，使焊件间有适当压力。

9．撕裂试验时，如果留下的孔偏小或根本没有孔，说明焊接强度______，需要重新调整__________。

二、选择题（将正确答案的代号填入括号内）

1．电阻点焊机中变压器的作用是将 220 V 或 380 V 的电压转变为（　　）V 的低电压。

A．5 ~ 10　　B．2 ~ 5

C．100 ~ 150　　D．8 ~ 15

2．现代整体式车身的焊接有（　　）都采用电阻点焊。

A．30%~40%　　B．40%~50%

C．50%~60%　　D．90%~95%

3．在焊接循环的（　　）阶段，当熔核尺寸达到所要求的大小时，切断焊接电流，电极压力继续保持，熔核在电极压力作用下冷却结晶形成焊点。

A．休止　　B．焊接

C．预压　　D．锻压

4．（　　）是决定产热大小的关键因素，将直接影响熔核直径与焊透率，必然影响到焊点的强度。

A．焊接时间

B．焊接电流

C．电极压力

D．电极端部形状与尺寸

5．电阻点焊时，应采用（　　）的方式，防止热量在同一个点上聚集，导致过热，从而影响焊接质量。

A．跳焊　　B．塞焊

C．连续焊　　D．对接焊

6．电阻点焊的焊接循环包括（　　）四个阶段。

A．焊接、预压、休止、锻压

B．焊接、休止、锻压、预压

C．预压、焊接、锻压、休止

D．预压、锻压、休止、焊接

7．电阻点焊时，电极压力变大可能导致（　　）。

A．焊点压痕变深　　B．严重飞溅

C．总电阻变大　　D．电流密度变大

8．电阻点焊的工艺参数包括（　　）。

A．焊接电流、电极压力

B．焊接时间、焊接电流、电极端部形状与尺寸

C．焊接电压、焊接时间、电极压力

D．焊接电流、焊接时间、电极压力、电极端部形状与尺寸

9．在其他参数不变的情况下，焊接时间对点焊的影响是（　　）。

A．焊接时间太长，产生的热量大，容易烧穿焊件，影响生产效率

B．焊接时间太长或者太短对点焊无影响

C．焊接时间太短，不会对点焊产生影响，不会出现开焊或假焊

D．焊接时间太长，产生的热量小，对产品质量不会产生影响

10．在其他参数不变的情况下，焊接电流对点焊的影响是（　　）。

A．焊接电流太大，对焊件表面没有影响，对品质不会产生不良影响

B．焊接电流太小，也可以将焊件焊接紧固，对品质不会产生不良影响

C．焊接电流太大，容易烧穿焊件，产生严重飞溅

D．焊接电流太小，不可以将焊件焊接紧固，但对品质不会产生不良影响

11．电阻点焊适用于接头不要求气密，厚度小于（　　）mm 的冲压、轧制的薄板搭接构件、铁丝网、交叉钢筋等的焊接。

A．2　　B．3

C．4　　D．8

12．电阻点焊接头的装配间隙应尽可能小，因为靠压力消除间隙将消耗一部分压力，使实际的压力降低，一般装配间隙为（　　）mm。

A．0.1 ~ 1　　B．1 ~ 2

C．2 ~ 3　　D．3 ~ 5

13．电阻点焊中需要焊工调节的参数是（　　）。

A．焊接电流　　B．药皮类型

C．焊接位置　　D．焊接电源

14．电阻点焊机在进行电极修磨后，下列操作正确的是（　　）。

A．调试电极并试焊，检查焊接质量和电极情况

B．直接进行焊接，以免浪费时间

C．在生产过程中，随时监控电极情况，一旦发现异常立即停机修磨

D．调试电极并试焊，但不必考虑焊接质量和电极情况

15．电阻点焊时，（　　）对焊接质量影响最大。

A．焊接电流　　B．焊接时间

C．电极压力　　D．电极直径

三、判断题（正确的打“√”，错误的打“×”）

1．电极直径减小，焊点的直径将增大，当电极直径减小到一定值后，焊点的直径将不再增大。（　　）

2．电阻点焊时，加压开关可以一下按到底。（　　）

3．电阻点焊操作可以沿着一个方向连续进行。（　　）

4．两个焊接表面之间存有间隙，间隙会影响电流的通过，降低焊接的强度。（　　）

5．电阻点焊时，可以采取分段焊接或改变焊接方向的方法来分散热量，避免出现过热的情况，以确保焊接质量和材料的完整性。（　　）

6．大力钳钳柄只能用手握，不能用其他方法加力。（　　）

7. 电极臂应尽量缩短其外伸长度，以获得较大压力。 （ ）

8. 电阻点焊是将焊件装配成搭接接头，并压紧在两电极之间，利用电阻热熔化母材金属，形成焊点的电阻焊方法。 （ ）

9. 焊点间距过小，将导致焊接电流分流，使焊接部位流过的电流变小，导致焊接强度降低。 （ ）

10. 电阻点焊可以采用大焊接电流和短焊接时间。 （ ）

11. 电阻点焊完毕，应先切断电源，再取下焊件。 （ ）

12. 电阻点焊的电极一般由碳素钢或合金钢制成。 （ ）

13. 电阻点焊主要用于厚度大于 0.5 mm 的金属板件连接。 （ ）

四、简答题

1. 简述电阻点焊的原理。

2. 简述电阻点焊的优点。

3. 简述电阻点焊的缺点。

4．电阻点焊的焊接参数有哪些？

任务3　板材的切割

一、填空题（将正确答案填写在横线上）

1．一般情况下，低碳钢的熔点为________________℃，燃点为________________℃，因此低碳钢容易气割。

2．按用途不同，减压器可分为__________________和__________________等。

3．按可燃气体与氧气混合的方式不同，割炬可分为____________和____________两种。

4．根据氧气与乙炔混合的比例不同，氧乙炔焰可分为____________、____________和____________。

5．国家标准规定氧气胶管外观为____色，乙炔胶管外观为____色。

6．气割过程包括________、________和________三个阶段。

7．气割参数主要包括____________________、________________、______________________________________、____和____等。

8．切割速度主要取决于____________________。

9．预热火焰能率是指预热火焰在单位时间内的________________消耗量。

10．割嘴与割件的倾斜角度是指____________________与______________________之间的夹角。

二、选择题（将正确答案的代号填入括号内）

1．气割时，金属在纯氧中（　　）。

A．熔化　　B．燃烧

C．气化　　D．液化

2. 预热火焰能率的大小与（　　）有关。

A. 切割速度　　B. 材料导热

C. 材料性质　　D. 割件厚度

3.（　　）割炬主要用于手工气割。

A. 射吸式　　B. 高压式

C. 中压式　　D. 稳压式

4. 气割结束后，先关闭（　　）调节阀。

A. 乙炔　　B. 预热氧气

C. 切割氧气　　D. 氧气减压器

5. 低碳钢气割时，点火后应将火焰调节为（　　）。

A. 高温焰　　B. 碳化焰

C. 氧化焰　　D. 中性焰

6. 气割时，切割速度过快会导致（　　）。

A. 后拖量较大　　B. 后拖量较小

C. 割缝边缘熔化　　D. 无影响

7. 气割时，割嘴离割件表面的距离一般为（　　）mm。

A. 7~8　　B. 3~5

C. 9~10　　D. 6~7

8. 根据氧气和乙炔混合的比例不同，氧乙炔焰不包括（　　）。

A. 碳化焰　　B. 中性焰

C. 氧化焰　　D. 重性焰

9. 乙炔瓶的瓶阀冻结时，只能用热水或蒸汽加热（　　）解冻。

A. 瓶体　　B. 瓶阀

C. 瓶底　　D. 任何部位

10. 下列可以进行气割的材料是（　　）。

A. 低碳钢　　B. 不锈钢

C. 铸铁　　D. 铜及铜合金

11. 乙炔瓶的运输和使用除了应遵守氧气瓶的相关规定，还必须配备（　　），以防止火焰沿胶管回烧到乙炔瓶内造成爆炸。

A. 回火保险器　　B. 减压器

C. 割炬　　D. 氧气瓶

12. 氧气与乙炔的混合比例为 1.1 ~ 1.2 时，燃烧产生的火焰为（　　）。

A. 碳化焰　　B. 中性焰

C. 氧化焰　　D. 混合焰

三、判断题（正确的打“√”，错误的打“×”）

1. 乙炔压力过大，氧气容易进入乙炔系统，在熄火的瞬间，往往因氧气或空气进入割炬的乙炔管而引起爆炸。 (　　)

2. 当碳钢中含碳量高于 0.7% 时，燃点高于熔点，因此高碳钢不能进行气割。(　　)

3. 铜和铝氧化物的熔点高于铜和铝自身的熔点，这也是它们不能进行气割的原因之一。 (　　)

4. 风线应为笔直而清晰的圆柱体，并有一定的长度，若风线形状不规则，则应关闭割炬的所有阀门，用平面摩擦的方法修整切割氧喷嘴或割嘴。 (　　)

5. 气割完毕关火时，应先关闭切割氧气调节阀，然后关闭预热氧气调节阀，最后关闭乙炔调节阀。 (　　)

6. 乙炔瓶在使用时只能直立，不能卧放。 (　　)

7. 氧气减压器和乙炔减压器的作用方法基本相同，因此，可以相互换用。 (　　)

8. 气割时，焊件越厚，预热火焰能率越大。 (　　)

9. 乙炔瓶内有多孔填料，氧气瓶内无填料。 (　　)

10. 氧气是气割的助燃气体，其纯度对气割质量和效率无影响。 (　　)

11. 氧气瓶应直立放置，若卧放，应将减压器处垫高。 (　　)

12. 气割氧压力的大小对气割质量有直接的影响。 (　　)

13. 气割氧压力的大小随割件厚度的增加而减小。 (　　)

14. 气割质量在很大程度上与切割速度无关。 (　　)

15. 气割时必须穿戴规定的工作服、防护手套和护目镜。 (　　)

16. 高碳钢可以进行气割。 (　　)

四、简答题

1. 进行气割的金属材料必须满足哪些条件？

2. 氧乙炔焰可分为哪些种类？各有什么特点？

3. 气割过程中的回火现象应如何处理？

4. 简述板材切割的注意事项。